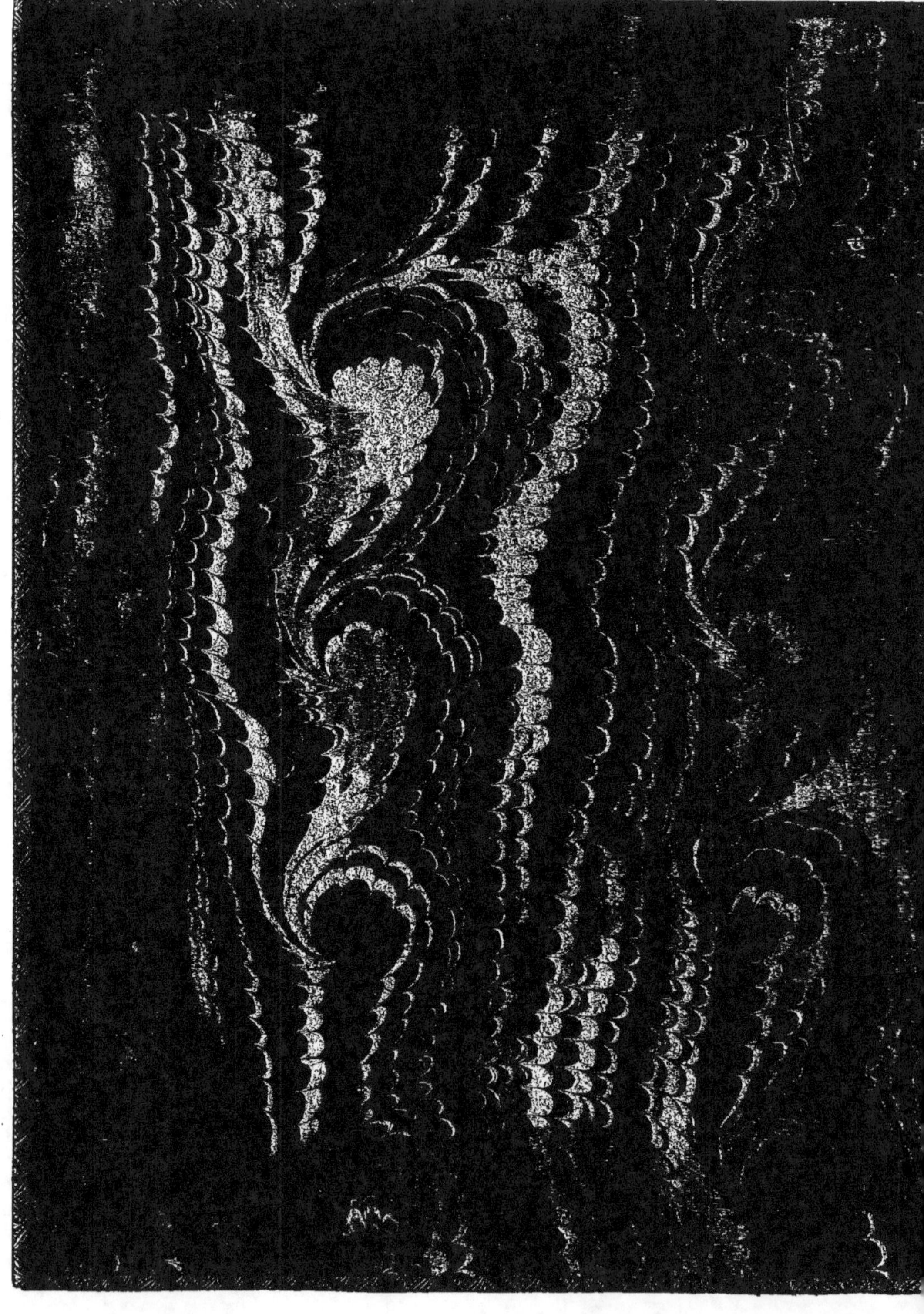

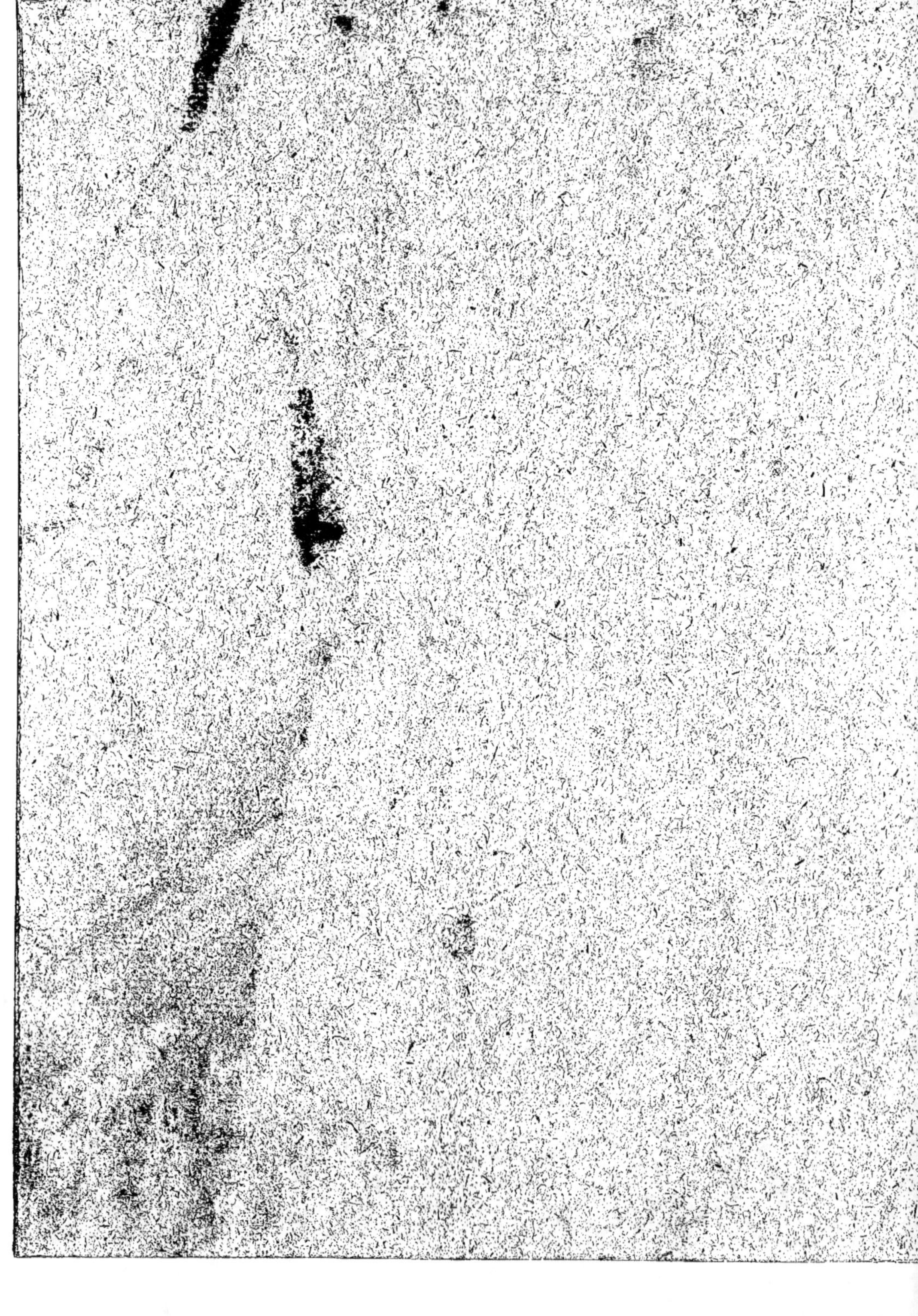

LES FESTES VENITIENNES,

BALET,

REPRESENTE' POUR LA PREMIERE FOIS

PAR L'ACADÉMIE ROYALE

DE MUSIQUE,

Le *mardy 13 juin 1710:*

Et remife au Theatre le Jeudy 10. Juillet 1721.

Le prix eft de quarante fols:

A PARIS,

Chez la Veuve de P. RIBOU, feul Libraire de l'Académie Royale
de Mufique, Quai des Auguftins, à la quatriéme Boutique
en defcendant du Pont-Neuf, à l'Image S. Loüis.

———————

MDCCXXI.

Avec Approbation & Privilege du Roi.

ACTEURS & ACTRICES CHANTANS

dans tous les Chœurs du Prologue & de la Pastorale.

COSTE' DE LA REINE.	COSTE' DU ROI.
Mesdemoiselles	*Mesdemoiselles*
Limbourg.	Constance.
Millon.	Tulou.
Guillet.	La Garde.
La Roche.	Veron.
Tettelette.	Courbois.
Fleury.	Rubantel.
Messieurs	*Messieurs*
Corbie.	Morand.
Lemire-L.	Venec.pere.
Fossier.	Alexandre.
Thomas.	Buzeau.
Dautrep.	Deshayes.
Houbeau.	Lebel.
Duchesne.	Duplessis.
Arteau.	Corail.

ACTEURS CHANTANS

DU PROLOGUE.

LE CARNAVAL,	Monſieur Leinire.
LA FOLIE,	Mademoiſelle Souris.

ACTEURS DANSANS

DU PROLOGUE.

Un Homme & une Femme à deux viſages.

Meſſieurs Dumoulin-F., Dumoulin-P.

Un Fol & une Folle.

Monſieur Laval, Mademoiſelle la Ferriere.

Un Vieux & une Vieille.

Monſieur Duval, Mademoiſelle Mangot,

Monſieur Deszais, Mademoiſelle de Liſle.

Monſieur Pierret, Mademoiſelle Lemaire.

LE TRIOMPHE
DE LA FOLIE
SUR LA RAISON,
DANS LE TEMS DU CARNAVAL.

PROLOGUE.

Le Théatre represente le Port de Venise.

LE CARNAVAL paroît au milieu d'une Troupe de Masques.

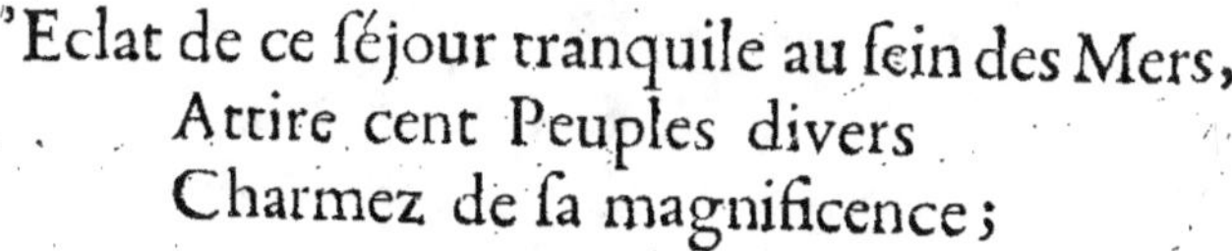

SCENE PREMIERE.

LE CARNAVAL, *Troupe de Masques.*

LA CARNAVAL.

'Eclat de ce séjour tranquile au sein des Mers,
Attire cent Peuples divers
Charmez de sa magnificence;

a iij

 PROLOGUE.

Mais il n'eſt jamais plus pompeux
Que lorſque les Ris & les Jeux
S'y raſſemblent par ma préſence.
Gardés-vous de troubler nos doux amuſements ,
Fuyés, ſombres chagrins , fuyés, ſageſſe auſtere;
Volés Amours , volés, abandonnés Cythere,
Venés ſur des bords plus charmants.

CHOEURS.

Volés , Amours , volés, abandonnés Cythere,
Venés ſur des bords plus charmants.

LE CARNAVAL.

Vous y trouverés mille Amants
Occupés du ſoin de vous plaire.

CHOEURS.

Volés , Amours , volés , abandonnés Cythere,
Venés ſur des bords plus charmants.

LE CARNAVAL.

Pour cacher un tendre myſtere
J'offre d'heureux déguiſements;
Volés , Amours , volés, abandonnés Cythere,
Venés ſur des bords plus charmants.

CHOEURS.

Volés , Amours , volés, abandonnés Cythere ,
Venés ſur des bords plus charmants.

SCENE II.

SCENE II.

LE CARNAVAL, LA FOLIE.

La Suite de la Folie entre en danſant.

LA FOLIE.

Accourez, hâtez-vous,
Goûtez les charmes de la vie,
Je les diſpenſe tous,
Il n'en eſt point ſans la Folie.

Les Plaiſirs regnent dans mon cœur,
C'eſt moi ſeule qui les inſpire:
Je ſers de Guide au tendre Amour,
Et je partage ſon Empire.

Accourez, hâtez-vous,
Goûtez les charmes de la vie,
Je les diſpenſe tous,
Il n'en eſt point ſans la Folie.

Je ramene les tendres Jeux,
Je chaſſe la Raiſon cruelle;
Venez, vous ſerez trop heureux;
Si vous êtes délivrez d'elle.

Les doux fruits de la Sageſſe
Sont les biens les plus parfaits ;
Aucun de vous ne s'empreſſe
D'en connoître les attraits.

HERACLITE.

Que de ſujets de pleurs !

DEMOCRITE.

Que de ſujets de rire !
Puis-je ſans éclater paſſer un ſeul moment ?

HERACLITE.

Mes yeux, qui des Humains pleurez l'aveuglement,
Pourrez-vous jamais y ſuffire ?

ENSEMBLE.

Nous les rappellons vainement.
HERAC. ⎧ Je pleure ⎫ leur égarement.
DEMOC, ⎨ Je ris de ⎬
        ⎩   ⎭

LA RAISON.

Sous des traits empruntez ils cachent leur viſage ,
Ce bizare déguiſement
De celui de leurs cœurs eſt une foible image.

ENSEMBLE.

Nous les rappellons vainement.
HERAC. ⎧ Je pleure ⎫ leur égarement.
DEMOC. ⎨ Je ris de ⎬
        ⎩   ⎭

La ſuite de la Folie ſe moque de la Raiſon.

PROLOGUE.

Accourez, hâtez-vous,
Goûtez les charmes de la vie ;
Je les difpenfe tous,
Il n'en eft point fans la Folie.

SCENE III.

LA RAISON *paroît accompagnée d'une Troupe de Sages ;* DEMOCRITE *&* HERACLITE *font du nombre.*

LA FOLIE, LE CARNAVAL *& leur Suite.*

LA RAISON.

Arrêtez : eft-ce en vain que mon flambeau
    vous luit ?
Mortels, reconnoiffez l'erreur qui vous féduit.

Les doux fruits de la Sageffe
Sont les biens les plus parfaits ;
Aucun de vous ne s'empreffe
D'en connoître les attraits.
Elle établit dans un ame
L'aimable tranquilité :
Heureux le cœur qui s'enflâme
Pour fa divine beauté.

b ij

LA RAISON.

Mais, notre prefence les gêne.
Fuyons de ce féjour :
C'eft affez pour leur peine
De nous éloigner fans retour.

Elle fort.

SCENE IV.

LA FOLIE, LE CARNAVAL,
& leur Suite.

LA FOLIE *aux Mafques.*

NE vous allarmez point ; voyez quels font les
    Sages,
Ils le font moins que vous :
Ils m'ofent en public refufer leurs hommages,
Cependant en fecret je les gouverne tous.

On danfe.

LE CARNAVAL, LA FOLIE *& les Chœurs.*

Chantons, & nous réjoüiffons.

Laiffez-nous, Raifon trop févere ;
Nous donner d'aufteres leçons
N'eft pas le moyen de nous plaire.

Chantons, & nous réjoüiffons.

Laiffez-nous Raifon trop févere.

Fin du Prologue.

ACTEURS
CHANTANS
DU BALET.

PREMIERE ENTRE'E.
LES DEVINS.

LEANDRE, *Cavalier François,* Mr. Thevenard.
ZELIE, *jeune Venitienne déguisée en Bohemienne,*
       Mademoiselle Antier.
UNE BOHEMIENNE,   Mlle Lambert.
Chœur de Devins, de Bohemiens & Bohemiennes.

SECONDE ENTRE'E.
L'AMOUR SALTINBANQUE.

FILINDO, *Chef des Saltinbanques,* Mr. Dubourg.
FERASTE, *jeune François, Amant de Leonore,*
       Mr. Muraire.
LEONORE, *jeune Venitienne,* Mlle Tulou.
NERINE, *Surveillante de Leonore,* Mr. Mantienne.
L'AMOUR SALTINBANQUE, Mlle Minier.
Chœur de Saltinbanques.

TROISIE'ME ENTRE'E.

LE BAL.

ALAMIR, *Prince Polonois,*   Mr. Thevenard.
ATHEMIR, *Gentilhomme de la Suite d'Alamir,*
déguisé en Prince Polonois,   Mr. Arteau.
IPHISE, *Venitienne,*   Mlle Antier.
UN MAISTRE DE MUSIQUE,   Mr. Mantienne.
UN MAISTRE DE DANSE,   Mr. Marcel.
UN MASQUE,   Mr. Grenet.
Chœur de Venitiens & de Venitiennes, masquez.

ACTEURS DANSANS
DU BALET.

PREMIERE ENTRE'E.

CHEFS DES BOHEMIENS.
Monsieur Blondy, Mademoiselle Menés.
BOHEMIENS.
Messieurs Dangeville, Guyot, Laval, Maltaire,
Pierret, Deszais.
BOHEMIENNES.
Mesdemoiselles Corail, Delastre, Labatte, Dupré,
Duval, la Ferriere.

SECONDE ENTRE'E.

LA SUITE DU SALTINBANQUE.
Monsieur Dumoulin-4. Mademoiselle Guyot.
Arlequin & Arlequinne.
Monsieur Dumoulin-2. Mademoiselle la Ferriere.
Deux Arlequins.
Messieurs Maltaire, Laval.
Deux Scaramouchettes.
Mesdemoiselles Corail, Labatte.
Mezetin, Mezetinne.
Monsieur Mion, Mademoiselle Duval.
Paysan & Paysanne.
Monsieur Duval, Mademoiselle Mangot.

Pierrot & sa Femme.
Monsieur Pierret, Mademoiselle Lemaire.
Pantalon & Venitienne.
Monsieur Javilliers, Mademoiselle Delisle.
Vandangeurs.
Monsieur Marcel-C. Mademoiselle Boyer.
Polichinelle.
Monsieur Dumoulin-L.

TROISIEME ENTRÉE.
LE BAL.
Monsieur Dumoulin-4., Mademoiselle Guyot.
Espagnols.
Messieurs Dupré, Mion.
Espagnolettes.
Mesdemoiselles Dupré, Delisle.
Vieillard & Vieille.
Monsieur Dumoulin-3., Mademoiselle Labatte.
Deux Enfans.
Monsieur Javilliers fils, Mademoiselle Petit.
Allemand, Allemande.
Monsieur Dangeville, Mademoiselle Duval.
Egyptien, Egyptienne.
Monsieur Maltaire, Mademoiselle Corail.
Autres Masques.
Messieurs Dumoulin, Pierret.
Mesdemoiselles Lemaire, Boyer.

LES

LES DEVINS
DE LA PLACE
SAINT MARC.

Le Théatre represente la Place de S. Marc.

SCENE PREMIERE.

UNE BOHEMIENNE, ZELIE *déguisée
en Bohemienne.*

LA BOHEMIENNE.

Otre Climat jamais n'eût rien de comparable
Aux attraits qui brillent en vous:
Que ma troupe seroit aimable
Si vous pouviez toujours demeurer parmi nous!

A

LES DEVINS,

ZELIE.

Je ne merite point un langage si doux.

LA BOHEMIENNE.

Chacun d'une ardeur non commune
Vient nous consulter dans ces lieux:
Qu'un cœur seroit content de sa bonne fortune
S'il la lisoit dans vos beaux yeux !

Mais ne puis-je sçavoir quelle est votre entreprise ?
Pourquoi sous notre habillement
Vous voulez aujourd'hui ?...

ZELIE.

Vous en êtes surprise ?
Pour vous en éclaircir, écoutez un moment.

Un jeune Amant parti des rives de la Seine
A depuis quelque tems paru dans ce séjour :
On diroit qu'il porte ma chaîne ,
Avec empressement il me suit chaque jour,
Et souvent dans la nuit, d'une voix la plus tendre,
Prés des lieux que j'habite , il vient me faire entendre
Tout ce que peut dicter l'Amour.

LA BOHEMIENNE.

C'est par des amorces pareilles
Que l'Amour est souvent vainqueur :
Quand on sçait charmer les oreilles,
On est bien-tôt maître du cœur.

ZELIE.

Je ne le cele pas : j'ai peine à m'en défendre,
Mais je le crois volage & je voudrois apprendre
   Quels sont ses sentiments secrets :
Il se plaît à vos jeux, si je le vois paroître,
Sous cet habillement, en lui cachant mes traits,
   Je tâcherai de le connoître.

LA BOHEMIENNE.

   Aprés avoir donné son cœur
Est-il tems de vouloir connoître ce qu'on aime ?
   Une Amante dans son ardeur
   Cherche à se tromper elle-même.

ZELIE.

Non, non, si son amour ne répond pas au mien,
Peut-être je pourrai rompre un fatal lien.

ENSEMBLE.

   Un cœur fidele qui s'engage
   S'expose au plus cruel danger !
   Quel tourment d'aimer un volage
   Et de ne sçavoir pas changer !

Leandre paroît au fond du Théatre.

ZELIE.

C'est lui qui vient : pour le surprendre,
Je veux l'observer & l'entendre.

Elles sortent du Théatre.

SCENE II.

LEANDRE.

Amour, favorise mes vœux,
Ne soi point offensé, si mon cœur est volage,
Prendre souvent de nouveaux nœuds
C'est te rendre souvent hommage.

Lorsque j'ai triomphé d'un cœur,
Je médite une autre victoire :
Brûler d'une infidelle ardeur,
C'est travailler sans cesse à te combler de gloire.

Amour, favorise mes vœux,
Ne soi point offensé, si mon cœur est volage,
Prendre souvent de nouveaux nœuds,
C'est te rendre souvent hommage.

SCENE III.

LEANDRE, ZELIE *en Bohemienne.*

ZELIE *entrant en dansant sur le Theatre.*

JEune Etranger, veux-tu sçavoir
Ta bonne ou mauvaise fortune ?
Ma science n'est point commune
Dans le grand Art de tout prévoir.

LEANDRE.

Je ne veux point prévoir le plaisir, ni la peine,
Pour être au rang des cœurs contens :
La crainte d'un malheur m'inquiette & me gêne,
Et je goûte bien moins un bonheur que j'attends.

ZELIE.

Que ta crainte finisse,
Eprouve quels sont mes talens :
Du moins sur tes projets galans
Veux-tu que mon Art t'éclaircisse ?

LEANDRE.

Sur mes projets d'amour je crains peu l'avenir,
Vous pouvez m'en entretenir.

ZELIE.

Par mes sublimes connoissances
Je lis dans les secrets des Dieux :

A iij

6 LES DEVINS.
Et dans ta main ou dans tes yeux
Je connoîtrai ce que tu penses.

Que voi-je ? dans ces lieux
A combien de beautez tu promets ta tendresse !
Tu sçais parler d'amour, tu l'exprimes des mieux,
Sans que d'un trait constant jamais ce Dieu te blesse.

LEANDRE.
Je croyois vos discours un effet du hazard ;
Mais je vais admirer votre Art.

Il est vrai, je suis infidele,
Par tout ce qui me plaît je me sens arrêté :
Le cœur ne fut jamais le tribut d'une belle,
Il est celui de la Beauté.

ZELIE.
Deux Objets dans Venise ont vû briller ta flâme,
Et je sçai bien pourquoi tu n'en sens plus l'ardeur.

LEANDRE.
Quoi ! vous pouvez sçavoir ? . . .
ZELIE.
Tu regnes dans leur ame.
Elles ne touchent plus ton cœur.
LEANDRE.
Dois-je me piquer de constance
Dès que d'un tendre Objet le cœur paroît charmé ?
Ce seroit démentir le lieu de ma naissance,
D'être toujours Amant, lorsque je suis aimé.

ZELIE *en reprenant la main de Leandre.*

Pour une nouvelle Maîtreſſe,
Je vois qu'un nouveau ſoin te preſſe!
LEANDRE.
Croyez-vous que bien-tôt je puiſſe l'enflâmer?
ZELIE.
Elle eſt fiere, & jamais elle n'eût de foibleſſe.
LEANDRE.
Non, ne penſez pas m'allarmer.
Je ſçais contraindre un cœur rebelle
A m'engager ſa liberté :
Je voudrois par la nouveauté
Pouvoir trouver une cruelle.
ZELIE.
Je prévoi que bien-tôt ton cœur ſera content :
Elle veut un amour conſtant.
LEANDRE.
Je jure avec tranſport une vive tendreſſe,
Je jure que jamais elle ne peut finir :
Il m'eſt toujours aiſé d'en faire la promeſſe,
Et mal-aiſé de la tenir.
ZELIE.
Ecoûte par mon Art ce que je vais prédire.

Aujourd'hui dans nos Jeux
Tu verras l'Objet de tes vœux :
Lui-même aura ſoin de t'inſtruire
Du ſuccès de tes feux.

SCENE IV.

LES DEVINS, LES BOHEMIENNES
de la Place de Saint Marc, entrent en danfant
fur le Théatre.

CHOEUR.

Venez, empreſſez-vous, Amans, venez enten-
　　dre
Quel fera le ſuccès de vos ſoins amoureux :
Par notre Art vous pouvez apprendre
Tous les évenemens heureux ou malheureux.

Divertiſſement.

CANTATE.
ZELIE.

Sans troubler le repos du ténébreux Empire,
Juſques dans l'avenir nous avons l'art de lire.

Amant, ſi vous êtes conſtant,
Toujours empreſſé, toujours tendre ;
Il eſt aiſé de vous apprendre
Quel eſt le ſort qui vous attend.
Quel objet pourroit ſe défendre ?
Eſperez, vous ſerez content :
L'inſtant eſt marqué pour ſe rendre,
L'amour amene cet inſtant,
Pourvû que vous vouliez l'attendre.

Amant, ſi vous êtes conſtant, &c.

Venez,

Venez, fieres Beautez, écoutez nos chanſons,
Songez à profiter de nos tendres leçons.
            Vous ſoûmettez à votre Empire
            Une foule d'Amants :
Si vous les mépriſez , je ne puis vous prédire
            Que des regrets & des tourments.

            L'Amour qui vole ſur vos traces ,
            Ne regne que dans vos beaux ans :
            Il va s'enfuïr avec les graces
            Que vous donne votre printemps.

            Vous perdrez des jours favorables
            Où vos yeux pourroient tout charmer ,
            Quand vous ne ſerez plus aimables ,
            Que vous ſervira-t'il d'aimer ?

            L'Amour qui vole ſur vos traces ,
            Ne regne que dans vos beaux ans :
            Il va s'enfuïr avec les graces
            Que vous donne votre printemps.

A la fin du Divertiſſement LEANDRE *ſe leve
& paroît inquiet.*

SCENE V.
LEANDRE, ZELIE.

LEANDRE *à Zelië.*

VOtre Art est peu certain : je ne vois point pa-
         roître
L'Objet que j'avois souhaité.

ZELIE.

D'un espoir séducteur je ne t'ai point flaté ;
         Il faut te le faire connoître.

Elle se démasque.

LEANDRE.

Que vois-je ?

ZELIE.

Tu m'offrois de dangereux liens,
Je sçais tes sentimens, tu peux juger des miens.

Elle sort.

LEANDRE.

Il faut avoüer, son adresse est extrême,
         Et je ne pouvois la prévoir ;
Mais ce trait cependant montre assez qu'elle m'aime,
Suivons-là : je n'ai point encor perdu l'espoir.

Fin des Devins.

L'AMOUR
SALTINBANQUE.

Le Théatre represente la Place S. Marc.

SCENE PREMIERE.

FILINDO, *Chef d'une Troupe de Saltinbanques,*
ERASTE, *jeune François déguisé en Venitien,*
un masque à la main.

FILINDO, LEANDRE.

FILINDO.

Mant, que votre trouble cesse,
Lorsqu'un aimable objet vous blesse,
Voyez quels sont vos Medecins :
L'Amour dans vos maux s'interesse,
Et je seconde vos desseins.

B ij

ERASTE.

C'est trop long-tems cacher ma peine,
Leonore a touché mon cœur,
Je veux lui découvrir ma secrette langueur;
Mais mon attente est toujours vaine:
On l'observe avec soin, on la suit en tous lieux,
Je n'ai pû jusqu'ici lui parler que des yeux.

FILINDO.

Les yeux dans l'amoureux Empire
Sont les interpretes des cœurs.

Un regard languissant prouve un tendre martyre,
Mais qu'un discours rempli de fleurs:

Les yeux dans l'amoureux Empire
Sont les interpretes des cœurs.

ERASTE.

Le langage des yeux est d'un charmant usage,
A deux cœurs bien unis il offre mille appas:
Mais que sert ce langage,
Si l'un des deux ne l'entend pas?

FILINDO.

Une Belle souvent dans l'âge le plus tendre
Ne sçait pas le parler,
Qu'elle commence de l'entendre:
Si l'Objet qui vous charme est encore à l'apprendre,
Mon zele va se signaler,
Il n'est rien que pour vous je ne puisse entreprendre.
Leonore dans ce séjour
S'amuse quelquefois aux innocens spectacles,

Qu'au public affemblé je donne chaque jour ;
Je prépare des Jeux qui vaincront les obftacles
    Que l'on oppofe à votre amour.

Il apperçoit Leonore avec une Surveillante.

C'eft elle qui paroît. On la fuit : le tems preffe ,
Cachons-nous à fes yeux , allons, tout préparer.

ERASTE.

Que le fort favorife, ou trompe ma tendreffe,
D'un cœur reconnoiffant je puis vous affûrer.

SCENE II.

LEONORE, NERINE *Surveillante.*

NERINE.

SOngez , fongez à vous défendre ,
   Tout Amant eft un impofteur.

Par l'attrait d'un difcours flateur
Il ne cherche qu'à vous furprendre :

Songez, fongez à vous défendre ,
Tout Amant eft un impofteur.

LEONORE.

Me tiendrez-vous toujours cet importun langage ?
Vos foupçons éternels doivent me faire outrage ,
Sans vous, fans vos confeils , je puis garder mon
    cœur.

NERINE.

Songez, fongez à vous défendre.

B iij

LEONORE.

Faudra-t'il toujours vous entendre ?

NERINE.

Tout Amant est un imposteur.

LEONORE.

Valere, Octave, en vain prétendent me contraindre
A ressentir l'amour.

NERINE.

Venise dans son sein leur a donné le jour,
Ils ne sont pas les plus à craindre.
Mais ce jeune Etranger...

LEONORE.

Helas !

NERINE.

Vous soupirez ;
La France l'a vû naître, il est galant, aimable :
De tous ceux que vous attirez
Je le crois le plus redoutable.

LEONORE.

J'ignorois que sans cesse attaché sur mes pas
Cet Amant de mon cœur voulût se rendre maître ;
Ce que je ne connoissois pas,
Vos soupçons me l'ont fait connoître.
Si la constance de sa foi
Me contraint un jour à me rendre,
Non, ce n'est plus à moi,
C'est à vous qu'il s'en faudra prendre.

NERINE.

Vous le croyez constant ? Ah ! redoutez les feux
Des Amans que produit ce climat dangereux.

Si vous les méprifez, leur amour eft extrême,
Rien n'égale l'ardeur de leurs tendres defirs ;
        Mais quand ils fçavent qu'on les aime
Ils font plus inconftans que l'Onde & les Zéphirs.
            LEONORE.
        Par des Portraits peu veritables,
        On nous trompe dans nos beaux jours :
        Pour nous faire peur des amours,
        On peint les Amans redoutables.
            NERINE.
Vous m'en dites affez : cet Amant vous féduit !
De mes fages leçons eft-ce donc là le fruit?
            LEONORE.
Je pourrois bien un jour meriter vos allarmes.

Je crois que les Amours n'ont que de faux brillans,
        J'ai toujours méprifé leurs armes ;
        Mais je conçois qu'il eft des charmes
        A tromper les yeux furveillans.
            NERINE.
        Je le voi, rien ne vous arrête.
Rebelle à mes confeils....
            LEONORE.
                Laiffez-moi voir la Fête.
            NERINE.
Je vous l'ai dit cent fois : Gardez bien votre cœur,
        Songez, fongez à vous défendre ?
            LEONORE.
        Faudra-t'il toujours vous entendre ?
            NERINE.
        Tout Amant eft un impofteur.

SCENE III.

*Une Troupe de Saltinbanques entre sur la Théatre.
On apporte un Char qui s'entr'ouvre, & qui se presente
en forme de Théatre. L'Amour y paroît avec tous les
ornemens d'un Saltinbanque, il n'est caracterisé que par un
Arc qu'il tient dans sa main. Les Plaisirs, les Jeux sont
autour de lui sous des figures comiques.*

FILINDO ET LE CHOEUR.

HAtez-vous, accourez, volez de toutes parts,
    Nous vous amenons de Cythere
      Ce qui peut charmer vos regards,
    Notre soin vous est necessaire :
Hâtez-vous, accourez, volez de toutes parts.

*Tandis que la Surveillante s'occupe à voir la Fête,
    E R A S T E s'approche de L E O N O R E,
      & s'entretient avec elle.*

L'AMOUR.

Venez tous, venez faire emplette,
Je vends le secret d'être heureux :
Je fais dispenser ma recette
Par les Plaisirs, & par les Jeux.
La froide indifference est une maladie
    Funeste aux jeunes cœurs,
      Je remedie
       A ses langueurs.

Venez

SALTINBANQUE.

Venez tous, venez faire emplette,
Je vends le secret d'être heureux :
Je fais difpenfer ma recette
Par les Plaifirs, & par les Jeux.

L'ennui d'une ame infenfible
Eft un dangereux poifon,
Preffez-en la guérifon,
Mon fecret eft infaillible
Dans votre jeune faifon.

Venez tous, venez faire emplette,
Je vends le fecret d'être heureux :
Je fais difpenfer ma recette
Par les Plaifirs, & par les Jeux.

On danfe.

L'AMOUR.

Effet admirable
De mon fçavoir ;
Tout devient aimable
Par mon pouvoir.
La Jeuneffe en eft plus brillante,
Et la Vieilleffe moins pefante,
La Laideur fe perd par mon fard,
La Beauté paroît plus touchante
Avec le fecours de mon Art.

Effet admirable
De mon sçavoir ;
Tout devient aimable
Par mon pouvoir.

Au plus timide cœur je donne du courage,
J'anime le plus indolent,
J'adoucis une ame sauvage,
Je rends vif l'esprit le plus lent.

Effet admirable,
De mon sçavoir ;
Tout devient aimable
Par mon pouvoir.

*Les Plaisirs qui sont à la suite de l'Amour, forment
un Divertissement comique.*

L'A M O U R.

Le prix d'un si grand bien, peut-être, vous étonne,
Je ne le vends plus, je le donne :
Au bon vieux tems des Amadis,
Je le mettois à trop haut pris.

J'exigeois des soupirs, des pleurs, de la constance,
Un cœur sincere, un cœur discret,
Et qui même sans récompense,
Fût content de languir, de brûler en secret.

Ce n'est plus la mode
Des Amants constants :
L'Amour s'accommode
Au défaut du tems.

Un peu de contrainte,
Un cœur complaisant,
Une flâme feinte
Suffit à present.

Ce n'est plus la mode
Des Amants constants :
L'Amour s'accommode
Au défaut du tems.

Eraste se leve, & vient avec Leonore sur le Théatre.

ERASTE *à Leonore.*

Non, il est un fidele Amant,
Qui porte vos fers, qui vous aime.

LEONORE.

L'Amour dans vos discours me paroît plus charmant
Que lorsqu'il se vante lui-même.

NERINE.

Ah ! vous trompez mes soins !

ERASTE.

          Ne contraint plus nos feux,
Cesse de nous être contraire,
Obtenons l'aveu de son Pere :
Espere tout de moi, si je deviens heureux.

L'AMOUR.

Le tems s'écoule,
Il faut le ménager;
Venez en foule,
Je suis un Marchand paſſager.
Je fais peu de ſéjour, je pars ſans qu'on y penſe,
Vous regretterez ma preſence :
Hâtez-vous d'acheter ; & vous, Plaiſirs charmants,
Préparez à leurs yeux de doux amuſements.

Le Divertiſſement continuë.

CHOEUR.

Accourez, que chacun s'empreſſe,
L'Amour preſente à vos deſirs
L'Antidote de la triſteſſe,
Et la ſource des vrais plaiſirs.

Profitez dans votre bel âge
D'un bien qui vous rendra contens :
Voulez-vous pour en faire uſage,
Attendre qu'il n'en ſoit plus tems ?

Fin du Saltinbanque.

LE BAL.

Le Théatre represente un lieu préparé pour un Bal.

SCENE PREMIERE.

ALAMIR, THEMIR.

THEMIR.

Seigneur, trop de délicatesse
Trouble votre felicité :
Vous aimez dans Venise une jeune Beauté,
Et vous ne la charmez que par votre tendresse.

Elle ignore qu'en vous un Prince est son Amant,
Et, pour juger encor de sa perseverance,
Paré de votre nom, sous votre habillement,
Je fais briller l'éclat d'une haute puissance.

C iij

Du plus parfait amour
Je feins de reſſentir toute la violence,
Mais les Fêtes, les Jeux que j'offre chaque jour
N'affoibliſſent point ſa conſtance.

ALAMIR.

De ſes vrais ſentimens j'ai voulu m'éclaircir,
Ce projet a rendu ma flâme plus heureuſe.

THEMIR.

Il eſt rare de réüſſir
Par cette épreuve dangereuſe.
Le deſir d'un rang glorieux
Eteint les ardeurs les plus belles :
Il eſt bien moins de cœurs fideles,
Qu'il n'eſt de cœurs ambitieux.

ALAMIR.

Et c'eſt ce qui troubloit mon ame,
Je n'oſois me livrer aux tranſports de ma flâme.

Un Amant élevé dans l'éclat des grandeurs
En amour n'eſt jamais paiſible :
Il peut toujours douter ſi c'eſt à ſes ardeurs,
Ou ſi c'eſt à ſon rang qu'une Amante eſt ſenſible.

THEMIR.

Tout conſpire à vous rendre heureux,
Ne vous impoſez plus une dure contrainte :

Iphife apprenant votre feinte,
Pourra la pardonner à l'excès de vos feux.

Par vos ordres exprès je donne un Bal pompeux,
Deux Maîtres renommez qu'a vû naître la France,
Doivent en préparer & les Chants & la Danfe,
Vous y verrez l'Objet de vos plus tendres vœux...

ALAMIR.

Tu fçais par quel moyen tu me feras connoître.

THEMIR.

Allez, je vois paroître
Les Ordonnateurs de nos Jeux.

SCENE II.

THEMIR, UN Mᵉ DE MUSIQUE, UN Mᵉ DE DANSE.

LE Mᵉ DE MUSIQUE, & LE Mᵉ DE DANSE.

DE nos communs efforts vous devez tout attendre.

LE Mᵉ DE MUSIQUE.

Balet charmant!

LE Mᵉ DE DANSE.

Mufique tendre!

LE Mᵉ DE MUSIQUE.

Ah ! c’eſt vous,

LE Mᵉ DE DANSE.

Ah ! c’eſt vous,

ENSEMBLE.

Qui l’emportez ſur moi.

THEMIR.

J’admire ce flateur langage ;
Mais parmi vous eſt-ce un uſage
De vous loüer de bonne foi ?

LE Mᵉ DE MUSIQUE.

Grace au Ciel , de mon Art je connois le ſublime ,
Tout cede à mes divins tranſports :
Je puis dans le feu qui m’anime ,
Du Chantre de la Thrace effacer les accords.

LE Mᵉ DE DANSE.

Mes pas ſont autant de merveilles ,
Ils ſont brillans & gracieux ;
Je ſçais l’art de tracer aux yeux ,
Les ſons qui frapent les oreilles.

LE Mᵉ DE MUSIQUE.

Aux yeux des Matelots
Faut-il peindre un orage ?
Je porte par tout le ravage ,
Je fais ſiffler les vents, je ſouleve les flots.

LE

LE Mᵉ DE DANSE.

Si des Vents en courroux il faut montrer la rage,
Par divers tourbillons j'en deviens une image.

LE Mᵉ DE MUSIQUE.

Faut-il inspirer le repos,
Au tranquile Sommeil je prête des pavots?

LE Mᵉ DE DANSE.

D'un songe agréable
Je peins la douceur,
D'un songe effroyable
Je fais voir l'horreur.

LE Mᵉ DE MUSIQUE.

Si j'évoque les Morts de leurs demeures sombres,
Je puis faire trembler les plus audacieux.

LE Mᵉ DE DANSE.

Sous le terrible aspect d'un Démon furieux
Je puis épouvanter les Ombres.

LE Mᵉ DE MUSIQUE.

Je celebre l'Amour sur mille tons divers,
Je vante le Printems, les Zéphirs, la verdure :
On croit entendre dans mes Airs,
Un Rossignol qui chante, un Ruisseau qui murmure.

D

LE Mᶜ DE DANSE.

J'anime des Bergers heureux,
Qui par une danse legere,
Semblent sur la verte fougere
Tracer l'image de leurs feux.

LE Mᶜ DE MUSIQUE.

Par une brillante saillie
Je fais honneur à l'Italie.

Volate, Amori,
Ferite tutti i cori.

LE Mᶜ DE DANSE.

Et moi je sçais.....

THEMIR.

Allez, je vois quelqu'un paroître,
Allez, tout apprêter :
Pour Maîtres dans vos Arts je dois vous reconnoître,
Au soin que vous prenez tous deux de vous vanter.

SCENE III.

ALAMIR, IPHISE.

ALAMIR.

POurrois-je me flater de regner dans votre ame,
Lorsqu'un Prince charmé de l'éclat de vos yeux
    Joint à l'hommage de sa flâme,
Tout ce qui peut toucher un cœur ambitieux ?

    La gloire, la magnificence
    Accompagnent par tout ses pas ;
    Et je n'oppose à tant d'appas
    Que mon amour & ma constance.

IPHISE.

    Cruel ! quelle est votre rigueur ?
Par cet injuste effroi n'offensez point mon cœur.

    Vous sçavez que je vous aime,
    Je fais mon bonheur suprême
    De vous charmer à mon tour :
    C'est dans une ame commune,
    Que l'éclat de la Fortune
    Peut triompher de l'Amour.

A L A M I R.

Quoi! vôtre cœur pourroit refuſer la victoire
Aux charmes d'un rang éclatant!

I P H I S E.

Je ne veux que la gloire
De vous rendre conſtant,

A L A M I R.

Ah ! c'en eſt trop, Beauté charmante,
Partagez d'un Amant la fortune brillante,
Il vous offre un bonheur certain ;
Que ſous d'aimables loix un doux hymen vous
range,
Conſentez que l'Amour vous vange
Des fautes du Deſtin.

I P H I S E.

Dans quels ſoupçons, Ingrat, me jette ce langage !

A L A M I R.

Le Ciel en vous formant vous a fait un outrage,
Les ſentimens du cœur & le charme des yeux
Furent votre partage ;
Mais vous deviez briller dans un rang glorieux,
Il faut qu'un Mortel qui vous aime
Vous offre la grandeur ſuprême
Que devoient vous donner les Dieux.

IPHISE.

Ah ! j'ai perdu votre tendresse,
Ce vain discours est une adresse
Qui cache un changement fatal :
Non, il n'est pas possible
Qu'un Amant bien sensible
Parle pour son Rival.

ALAMIR.

Aimez un Prince, aimez . . . .

IPHISE.

Tu le veux donc, Perfide ?

ALAMIR.

Si vous ne l'aimez pas, je ne puis être heureux.

IPHISE.

C'en est fait : je suivrai le transport qui me guide,
Pour me vanger de toi, j'aprouverai ses feux,
Mon juste desespoir . . . je le vois qui s'avance ! . . .
Ingrat, je t'aime encor, malgré ton inconstance.

SCENE IV.

ALAMIR, IPHISE, THEMIR.

THEMIR.

PRince, les Jeux sont prêts
Sans vos ordres exprès,
Je ne dois point…

IPHISE.

O Ciel !

ALAMIR.

Que la Fête commence.

SCENE V.

ALAMIR, IPHISE.

IPHISE.

QU'entens-je ? quel est ce discours ?
N'en puis-je sçavoir le mystere ?

ALAMIR.

Iphise, j'ai voulu vous plaire
Sans avoir de mon rang employé le secours.

Mon cœur est assûré du vôtre,
Pardonnez cette feinte à la plus vive ardeur,
Partagez avec moi la suprême grandeur
Dont tout l'éclat n'a pû vous toucher pour un au-
     tre.

IPHISE.

Je ne vois en vous qu'un Amant,
Votre amour seul touche mon ame.

ALAMIR.

Ah ! que mon bonheur est charmant,
Et qu'il augmente encor ma flâme !

ENSEMBLE.

Aimons-nous, aimons-nous,
Qu'à jamais l'Amour nous enchaîne,
Richesses, grandeur souveraine,
Sans lui rien ne peut être doux,
Aimons-nous, aimons-nous.

SCENE VI.

*Les Maiſtres de Muſique & de Danſe viennent
avec une foule de Maſques danſans &
chantans, le Bal commence.*

CHOEUR.

QUe les Ris, que les Jeux dans cet heureux
      ſéjour,
Avec tous ſes attraits faſſent regner l'Amour.

Tendre Amour, dans la nuit c'eſt toi ſeul qui nous
      guides,
Tu la fais préferer aux jours les plus charmants;
    Tu rends dans ces moments
Les Amans plus hardis, les Beautez moins timides.

Que les Ris, que les Jeux dans cet heureux ſéjour,
Avec tous ſes attraits faſſent regner l'Amour.
               On danſe.

IPHISE.

*A l'incanto d'un bel riſo,
Al folgorar d'un bel viſo
Non ſi ſerva la liberta.*

*Reſiſta chi puo, reſiſta
A gli ſguardi della Belta.*

A l'incanto, &c. Da Capo.
          UN MASQUE.

UN MASQUE.

Le Bal favorise
Les Cœurs amoureux,
Il les autorise
Dans leurs tendres feux :
C'est ici l'usage
De parler d'amour,
Et la plus sauvage
Le suit à son tour.

CHOEURS.

Que les Ris, que les Jeux dans cet heureux séjour,
Avec tous ses attraits fassent regner l'Amour.

Tendre Amour, dans la nuit c'est toi seul qui nous
          guides.
Tu la fais préferer aux jours les plus charmants ;
          Tu rends dans ces moments
Les Amants plus hardis, les Beautés moins timides.

Que les Ris, que les Jeux dans cet heureux séjour,
Avec tous ses attraits fassent regner l'Amour.

FIN DU BAL.

A PARIS. De l'Imprimerie de J. B. LAMESLE, ruë de la Huchette,
à la Minerve. 1721.

E

PRIVILEGE DU ROY.

LOUIS par la grace de Dieu Roi de France & de Navarre : A nos amés & feaux Confeillers les gens tenans nos Cours de Parlement, Maîtres des Requêtes ordinaires de notre Hôtel, Grand Confeil, Prevôt de Paris, Baillifs, Sénechaux, leurs Lieutenans Civils, & autres nos Jufticiers qu'il appartiendra, Salut. Les Sieurs Befnier Avocat en Parlement, Chomat, Duchefne, & de la Val de S. Pont, Bourgeois de notre bonne Ville de Paris, Nous ont fait remontrer qu'en confequence de l'Arrêt de notre Confeil du 12 Decembre 1712 du Traité fait entre eux & les Sieurs de Francine & Dumont le 24 defd. mois & an, & de nos Lettres Patentes du 8 Janvier enfuivant, confirmatives du Traité, ils auroient acquis le Privilege de faire reprefenter les Opera durant le tems de vingt années, à compter du 20 Août 1712, ainfi que le Privilege de la vente des paroles defd. Opera, lefquelles ils defireroient faire imprimer pour les donner au Public, s'il Nous plaifoit leur arcorder nos Lettres de Privilege fur ce necelaires. A CES CAUSES, defirant favorablement ctaiter les Expofans, attendu les charges dont l'Académie Royale de Mufique fe trouve oborée &, les grandes dépenfes qu'il convient de faire, tant pour l'impreffion, que pour la gravure en taille-douce des planches dont ce Livre fera orné, Nous leur avons permis & permettons par ces Prefentes de faire imprimer & graver les Paroles & la Mufique de tous lefd. Opera qui ont été, ou qui feront reprefentées par l'Académie Royale de Mufique, tant féparément, que conjointement, en telle forme, marge, caractere, nombre de volumes, & de fois que bon leur femblera, & de les faire vendre & débiter par tout notre Royaume pendant le tems de dix-neuf années confecutives, à compter du jour de la datte defdites Prefentes. Faifons défenfes à toutes perfonnes de quelque qualité & condition qu'elles puiffent, être d'en introduire d'impreffion étrangere dans aucun lieu de notre obéiffance, & à tous Imprimeurs, Libraires, Graveurs, & autres, d'imprimer, faire imprimer, vendre, faire vendre, débiter, ni contrefaire lefdites impreffions, planches & figures, en tout ni en partie, fans la permiffion expreffe & par écrit defd. Sieurs Expofans, ou de ceux qui auront droit d'eux, à peine de confifcation des exemplaires contrefaits, de fix mille livres d'amende contre chacun des contrevenans, dont un tiers à Nous, un tiers à l'Hôtel-Dieu de Paris, l'autre tiers aufdits fieurs Expofans, & de tous dépens, dommages & interêts, à la charge que ces Prefentes feront enregiftrées tout au long fur le Regiftre de la Communauté des Imprimeurs & Libraires de Paris, & ce dans trois mois de la datte d'icelles ; que la gravure & impreffion defdits Opera fera faite dans notre Royaume, & non ailleurs, en bon papier & en beaux caracteres, conformément aux Reglemens de la Librairie ; & qu'avant de les expofer en vente, il en fera mis deux Exemplaires dans notre Bibliotheque publique, un dans celle de notre Château du Louvre, & l'autre dans celle de notre très-cher & feal Chevalier Chancelier de France e Sieur Phelypeaux Comte de Pontchartrain, Commandeur de nos Ordres, le tout à peine de nullité des Prefentes. Du contenu defquelles voumandons & enjoignons de faire joüir lefdits Sieurs Expofans, ou leurs ayans caufe, pleinement & paifiblement, fans fouffrir qu'il leur foit fait aucun trouble ou empêchement. Voulons que la copie defdites Prefentes, qui fera imprimée au commencement ou à la fin defd. Opera, foit tenuë pour düement fignifiée, & qu'aux copies collationnées par l'un de nos amés & feaux Confeillers & Secretaires foi foit ajoûtée comme à l'Original. Commandons au premier notre Huiffier ou Sergent de faire pour l'execution d'icelles toutactes requis & neceffaires, fans demander autre permiffion, & nonobftant Clameur des Haro, Charte Normande, & Lettres à ce contraires : Car tel eft notre plaifir. DONNÉ à Verfailles le 20 jour d'Août l'an de Grace 1713, & de notre Regne le foixante-onziéme. Par le Roi en fon Confeil. Signé, BESNIER, avec paraphe, & fcellé.

Nous avons cedé à M. Ribou le prefent Privilege, fuivant le Traité fait avec lui le 1 Juillet dernier 1713. A Paris le 22 Août 1713. Signé, BESNIER.

Regiftré fur le Regiftre avec la Ceffion n. 3. de la Communauté des Libraires & Imprimeurs de Paris, page 648. n. 731. conformément aux Reglemen, & notamment à l'Arrêt du 3 Août 1703. Fait à Paris ce 11 Septembre 1713. L. JOSSE, Syndic.

www.ingramcontent.com/pod-product-compliance
Lightning Source LLC
LaVergne TN
LVHW010323030726
842520LV00004B/1222